は し が き

　最近、新聞紙上に毎日のようにM&Aの記事がでていますが、我々の身近でもM&Aの相談がとても増えています。
　正にM&Aの時代が到来したと言えるのかもしれません。

　そういえばどこかに年間1万社の倒産に対して年間3万社が休廃業・解散していると出ていました。
　年間3万社の休廃業・解散ということはその分だけ雇用が失われており、非常に残念な数字です。

　M&Aを検討した結果での休廃業・解散であれば仕方がないかと思いますが、実態はどうも違うようです。

　そこで休廃業・解散になる前に読むべき基本的なM&Aの知識をこの小冊子にまとめてみました。

　M&Aというと昔は「ハゲタカ」というようなイメージでしたが、現在はとても「友好的なM&A」が主流となっています。

　今は、誰でも、どこでも、いつでも身近な存在としてM&Aの話は出てきます。

　初心者に18分で読めるという趣旨で18のポイントに絞って書いてみました。

　M&Aに関する最初の一歩をこの書籍からスタートして頂ければ幸いです。

　　　　　　　　　　　　　　　　平成29年8月吉日

　　　　　　　　　　　　　　　　　　辻・本郷 税理士法人
　　　　　　　　　　　　　　　　　　理事長　徳田　孝司

目次

	M&Aの進め方（全体像）	2
1	中小企業における事業承継の選択肢	4
2	中小企業におけるM&A	5
3	M&Aによる事業承継のメリット・デメリット	6
4	近年のM&Aの動向と現状	7
5	M&Aアドバイザーの選定	8
6	M&Aアドバイザーの役割	9
7	買い手（売り手）候補の見つけ方	10
8	M&Aにおける企業価値評価	11
9	トップ面談と意向表明	12
10	基本合意契約の進め方	13
11	デューデリジェンス（DD）	14
12	M&Aの手法	16
13	買い手側の資金調達	18
14	最終譲渡契約	19
15	クロージングの留意点	20
16	アフターM&A	21
17	PMI（経営統合プロセス）の重要性	22
18	顧問税理士・会計士の役割	23

M&A これだけ
18のポイント

M&Aの進め方(全体像)

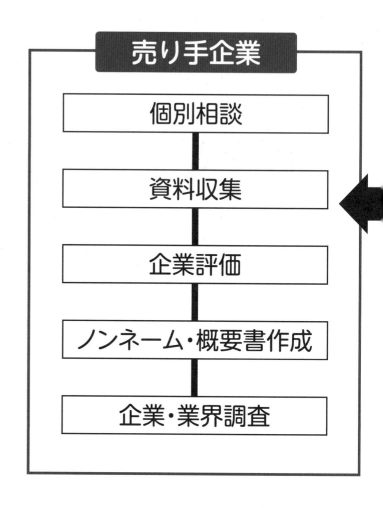

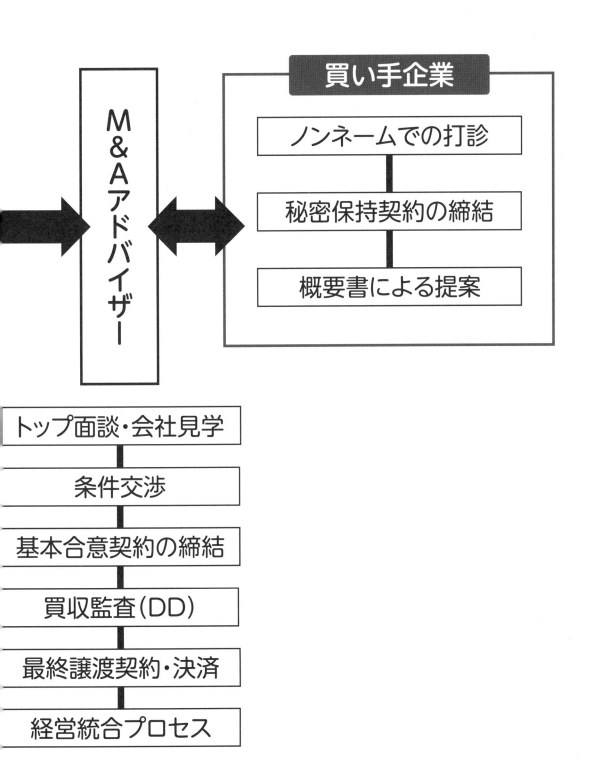

1 中小企業における事業承継の選択肢

中小企業の事業承継の進め方は？

親族内承継→MBO→M&Aの順番で検討するのが一般的です。

(1) 親族内承継

親族内に後継者がいる場合は、株価が比較的安いタイミングで、その後継者に株式を集約していくといいでしょう。

(2) MBO (Management Buyout)

親族内に後継者候補がいない場合には、役員の中から後継者を決めて、株式を買い取ってもらい、オーナー経営者として独立するMBOを検討します。

ただし、役員の多くは、経営者としてのリスクを背負ったことがない為、金融機関からの借入金に対する連帯保証リスクや事業そのもののリスクを負うことについての覚悟をもつことができず、なかなか対象となる役員が現れないことが多いです。

また、事業承継を検討している会社は、既に金融機関からの借り入れをしている場合が多く、承継に係る新たな融資を受けることができない可能性が高いため、後継者候補となる役員が株式を買い取る際の資金繰りがつかないケースもあります。

(3) M&Aで外部に売却

経営陣の中にも後継者候補がいない場合に初めて外部に売却するM&Aの検討に入ります。

この場合にはその会社の企業価値を大雑把に言って、(減価償却前営業利益＋役員報酬)×3年分から5年分くらいを目安にします。もちろん含み益の大きい不動産等がある場合にはその純資産も加味する場合もあります。

2 中小企業におけるM&A

小さな会社でもM&Aはできるの？

M&Aに会社の規模は関係ありません。
売上規模よりもM&Aをする目的や動機が大切です。

(1) M&Aの実態

M&Aというと「村上ファンド」や「元ライブドアの堀江貴文氏」のような乗っ取りや身売りのイメージがありますが、株式を上場していない中小企業のM&Aは概ね友好的に行われます。

(2) 会社を買う目的と売る目的

買う目的
- イ. 売上規模の拡大
- ロ. 新しいマーケットへの進出
- ハ. 新しい技術の確保

売る目的
- イ. 後継者不在
- ロ. 企業体質強化
- ハ. 創業者利益の確保

(3) 目的別の選択

「売上規模の拡大」という目的を持っている会社にとっては、M&Aで売上規模の小さな会社を手に入れてもあまりメリットがないと思われます。

一方、「新しいマーケットへの進出」や「新しい技術の確保」を目的にしている会社にとっては、売上規模に関わらず小さな会社でも検討する可能性は十分にあると思われます。

したがって、会社の大小のみでM&Aを判断するのではなく、会社の規模はM&Aを検討する材料の一つにしか過ぎないと言えるのです。

⇓

しっかりとした目的や動機を持って検討することが大切

3 M&Aによる事業承継のメリット・デメリット

中小企業のM&Aはどんな形が多いの？
また多い業種は？

M&Aでもっとも多いのは株式譲渡。
大切なのは企業の魅力、業種は関係ありません。

(1) M&Aのメリット・デメリット

株式売却によるキャッシュ化が最大のメリットであり、従業員・取引先にとってはM&Aによって資本力・営業力・技術力が増すことで、これまで以上に雇用の継続や取引の安心感につながる可能性が大きくなります。

一方でデメリットとしては、M&A後に有能な人材が退職したり、事前調査で判明しなかった問題が発覚する可能性もあります。

(2) 魅力のある企業とは

ダーウィンの進化論に「最も強い者が生き残るのではなく、最も賢い者が生き延びるのでもない。唯一生き残ることができるのは変化できる者である。」とあります。企業が日頃から環境変化を意識し、ビジネスモデルや組織体制を新しい環境に合わせたものに変化させ、発展する企業体に変革し続けることにより、財務体質を安定させ、収益力がつき、他社から見ても魅力ある企業になるのではないでしょうか。

(3) 業種との関係について

事業承継問題に業種は関係ありませんし、各業界とも将来的な市場縮小の中で生き残りを模索してます。「建設」「医療・介護」「運送」等の人材確保が困難なM&Aニーズの高い業種は確かにありますが、今後は経営手法の一つとして全ての企業がM&Aを検討していかざるを得なくなると思われます。

⇓

「企業としての魅力」を保ち続けることが重要

4 近年のM&Aの動向と現状

年間どのくらいの中小企業がM&Aをしているの？

公開されるM&Aは大企業のものに限られ、中小企業の件数を正確に把握することはできません。

　全国の中小企業のM&A件数は不明ですが、M&A仲介の日本最大手である日本M&Aセンターの公開しているデータによると2014年3月期に成約件数256件（売手と買手を別カウント、以下同じ。）、2015年3月期は338件、2016年3月期は420件とその件数は急増しています。

売手と買手はどちらが多いの？

ほぼ同数か少し買手の方が多いと思われます。

　中小企業では、経営者の高齢化による事業承継問題の表面化の解決策としてM&Aの選択が増加しているため、売手側の企業が多く、買手側の企業が少ないと思われるかもしれませんが、現状ではほぼ同数となっています。
　ただ、条件の良い企業が売手となった場合にはすぐに複数の買手と交渉に入るなど、ある一時点を見ると圧倒的に買手の方が多いこととなります。
　今後は、M&A市場の活性化により売手企業が増加していくものと思われます。

5 M&Aアドバイザーの選定

M&Aアドバイザーってどんな仕事？

一般的には、売り手に対して以下の業務を行います。
（1）マッチング→相手を見つけて、買収提案をすること
（2）コーディネート
　　　→スキーム立案、相手との交渉、契約を締結すること

（1）マッチング（下記②③）

　マッチングとは、売り手からの要請により、買い手候補を見つけて、その買い手に対して買収提案をすることをいいます。M&Aアドバイザーに求められるのは、買い手候補を見つけるための「情報力」、買い手候補に魅力的な買収提案をするための「提案力」など、が必要となります。

（2）コーディネート（下記④⑤）

　コーディネートとは、全体の取引スキームの立案・価格の決定・相手方との交渉を経て、最終的に契約締結をするまでの一連の流れのことをいいます。昨今はM&Aが高度化していますので、M&Aアドバイザーは分野ごとに専門家のアドバイスを活用して、M&Aをまとめ上げる必要があります。

＜全体の流れ＞

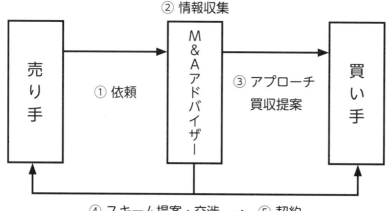

6 M&Aアドバイザーの役割

Q M&Aアドバイザーにはどういう人が適任?

A マッチングとコーディネートができるところとして、大手金融機関(都市銀行など)、投資銀行、M&A仲介会社、税理士・会計士の士業などが代表的です。

(1) M&Aアドバイザーの役割

8ページにある通り、M&Aアドバイザーは、マッチング機能とコーディネート機能を兼ね備えている人が適任者となりますが、全てを兼ね備えている人はなかなかいません。

(2) 各M&Aアドバイザーごとの特徴と留意点

代表的なM&Aアドバイザーの特徴と留意点を下記まとめました。買収の規模や予算等に応じて、適切なM&Aアドバイザーを探す必要があります。

M&Aアドバイザー	特徴	留意点
大手金融機関 (都市銀行など)	マッチング機能、コーディネート機能ともにバランス良く対応することが可能	相手先が融資先であるなど、利害が反する場合には、動きが制限される可能性がある
投資銀行	主たる業務としてM&Aを行っているため、知識やノウハウは圧倒的に豊富	一般的には大企業の大型案件が中心となり、中小企業のM&A案件に対応することが少ない
M&A仲介会社	マッチング機能に特化しているため、情報料が圧倒的に多い	取引当事者の双方にサービス提供をするため、コーディネートはできない
税理士・会計士	顧客の実情を最も把握しており、また、税制面での最適なスキーム提案ができる	マッチング機能に関して、買い手探しの情報量が少ない

7 買い手(売り手)候補の見つけ方

どんな人が会社を買うの?

時間をかけずにリスクを抑えて事業拡大をしたい人がM&Aで「会社を買う」人です。

「会社を買う」ことによるメリット

① **顧客、人材、ノウハウなどの一括取得**

　　事業を新たに開始しようとした場合に、ゼロから開始するよりもはるかに短い時間で顧客、人材、ノウハウなどを得ることができます。

② **相乗効果の実現**

　　既存事業との相乗効果の実現により売上の増加、技術力の強化、コスト削減をすることができます。

どんな人が会社を売るの?

ご自身が高齢になり、引退を考えるにあたって親族や従業員に事業を託すことが難しい場合に第三者に事業を託したい人がM&Aで「会社を売る人」です。

「会社を売る」ことによるメリット

① **事業承継問題の解決**

　　経営者が引退を考えた場合に、親族や従業員の中に後継者が不在であったときの事業承継問題が解決されます。

② **存続・発展の実現**

　　中小企業が有力企業の一員となることにより、その企業の存続や企業体質強化による発展が実現されます。

③ **創業者利益の確保**

　　株式を売却することにより企業価値にあった金額を得ることができます。

8 M&Aにおける企業価値評価

「売れる会社」ってどんな会社？

M&Aにおいて買い手から選ばれる会社とは、安定性や成長性があったり、買い手との協業による相乗効果が見込まれたりするような会社です。企業価値評価においてもこれらを加味することが大切です。

　企業価値をいかに評価するかは、M&A交渉で非常に重要なポイントです。企業価値の評価方法は多岐にわたりますが、大きく3つのタイプに分けられ、メリットもあればデメリットもあり、唯一絶対という評価方法は存在しません。大切なことは、それぞれの特徴を良く理解し、M&A成立という目的に沿った方法を使用することです。

評価方法	メリット	デメリット
インカム・アプローチ …収益からアプローチする方法 (例) DCF法 (割引キャッシュフロー法) など	・買収による相乗効果や価値向上効果を金額として明示する事が可能 ・買収後の事業計画を事前策定することで、買収後の目標設定が可能	・将来損益について主観が入りやすい ・他の評価手法に比較して複雑で、価値算出まで手間がかかる
ネットアセット・アプローチ …資産価値からアプローチする方法 (例) 時価純資産法など	・土地などを多く有する場合は資産の現在価値を評価に反映させることが可能 ・客観性がある	・個別資産の評価を前提とし、将来キャッシュフローや時間価値を考慮していない
マーケット・アプローチ …他社との比較からアプローチする方法 (例) 類似上場会社比較法など	・客観的な数値を使用する手法であり、買い手売り手間で算出根拠に対する意識のズレが生じにくい ・他の評価手法に比較して算出が容易	・業種によっては買収対象企業と同規模や同業種の会社を探すことが困難

9 トップ面談と意向表明

「乗っ取り・身売り」と「M&A」の違いは何?

「乗っ取り・身売り」と「M&A」の一番の違いは、買い手側と売り手側に信頼関係の構築ができているか否かです。

　新聞等で耳にする「乗っ取り（敵対的買収）」などは、まず上場企業にしか起こりません。非上場企業である中小企業において、その株式の多くは自由に売買ができない「譲渡制限」の設定がされており、会社の意思に反して売買はできません。
　中小企業のM&Aは、一般的に売り手側と買い手側の双方で徹底的に話し合い、信頼関係を構築したうえで完了する極めて友好的なものです。

(1) トップ面談の実施

　買い手側が買収への興味を示し、双方が先に進めたいという事であれば、経営陣同士の「トップ面談」を設定することになります。結婚に例えると、このステージは「お見合い」にあたり、非常に重要なステージとなります。トップ面談では、双方質問をし合い、経営方針などに関する疑問を解消し合います。

(2) 意向表明書の提出

　トップ面談で互いに納得できる相手であれば、M&Aアドバイザーが双方の間に入って、条件面の調整をしていきます。通常買い手側はこれと並行して「意向表明書」といわれる買収方法、買収価格などの提案条件が書かれた資料を提出します。

10 基本合意契約の進め方

基本合意契約書にはどのような内容が記載されるの？

基本合意契約書には、法的拘束力はありませんが、重要な要件を先に合意したり、取引から離脱させないように相手方に抑止力を効かせたりするために締結します。

(1) 意向表明書とは

12ページの通りお互いのトップ面談を経たのち、買い手は「意向表明書」という買収方法や買取価格などの提案条件を記載した書類を売り手に提出します。意向表明書には法的拘束力はなく省略されることもありますが、買い手の本気度を売り手に伝える効果があります。

(2) 基本合意契約書とは

意向表明書が提出されたのち、基本合意契約書の準備をします。基本合意契約書には、売買金額の予定額や、交渉期間(スケジュール)、独立交渉権の有無など、買い手と売り手の間で合意している条件などを明記します。

基本合意契約書の作成前は、複数の買い手候補に交渉を打診できる点で売り手が有利となりますが、作成後は買い手が独占交渉権を獲得することにより、買い手有利となります。基本合意契約書も意向表明書と同様に法的拘束力をもたせないことが一般的です。

(3) 基本合意契約書の記載事項

基本合意契約書には、売買の対象となる株主や株数、譲渡価格の決め方やレンジなどを記載するほか、附帯条件に関する同意事項も記載します。附帯事項とは、従業員などの引き継ぎや条件、オーナー自身がM&A後に関与(引き継ぎなど)する期間や条件をいいます。

その他、DD(デューデリジェンス、買収監査)の日程や範囲、最終契約締結日の目安、基本合意契約書の有効期限を記載します。

11 デューデリジェンス(DD)

M&AにおけるDDは何のため？

DDは財務と法務により実施されます。DDにより最終的な譲渡契約の締結をする間に、情報の確認と今後のリスクなどを把握します。

(1) DDの目的

M&Aの交渉過程で売り手は資料を提示し、適正であることを表明・保証します。しかし、この表明・保証した項目に間違いがあるときは損害賠償責任が生じます。DD（デューデリジェンス、買収監査）は売り手から提示された資料や情報について、将来起こりうるリスクなどを事前に整理するために行われます。

(2) DDの方法

DDは財務と法務について行うことが一般的ですが、必要に応じて、ビジネス、税務、環境、ITなど多岐にわたり行います。

基本合意契約の締結をし、最終譲渡契約を取り交わす前に行います。買い手としてはコストをかけて行っていますので、独立交渉権を確保してから行うことが望ましいとされています。

具体的に財務DDでは、売り手の財務諸表が適正に作成されているかどうか、株価算定の資料が適正に作成されているかどうか確認します。法務DDでは、売り手が契約している契約が、M&A後に買い手にとって不利にならないかどうか、M&A後の業務に支障がないかどうかの確認をします。

また、ビジネスDDも重要です。買収後の事業計画がどうなるかを精査します。買い手は相乗効果を含めた事業計画を策定し、売買金額にも反映させます。

DDは税理士・公認会計士や弁護士、コンサルタントが行うほか、社内担当者も同席し、問題点を早期に把握・対処すること重要です。

12 M&Aの手法

M&Aの手法にはどんな方法があるの？

いくつかの手法がある中で、中小企業のM&Aでは株式譲渡が多く用いられていますが、どの手法が最適であるかを判断するためには、専門家のアドバイスを受けることが重要です。

(1) M&Aの手法

　M&Aには、株式譲渡、事業譲渡、合併、会社分割、業務提携・資本提携などのさまざまな手法があります。特に中小企業における事業承継を目的としたM&Aにおいては、主に「株式譲渡」や「事業譲渡」が多く用いられています。

　なお、どの手法を採用するかによって、その目的や、オーナーの税金、手取り額が変わってくるため、どの手法が最適であるかを判断するにあたっては、M&Aの知識や経験の豊富な専門家のアドバイスを受けることが重要です。

(2) 株式譲渡

　株式譲渡とは、譲渡する側の会社のオーナーが所有している株式を譲り受ける側に売却することによって、子会社となることです。

　譲り渡す会社の株主と経営者が変わるだけで、従業員や会社内部・外部の関係や会社の債権債務、第三者との契約、許認可等は原則として継続しますので、他の手続きと比べて簡便であるといえます。

　また、譲渡する側の会社のオーナーにとっては、株式を現金化することができますので、オーナーが現金化したいときには向いている手法といえます。

(3) 事業譲渡

　事業譲渡とは、譲渡する側が、その事業の全部または一部を譲り受ける側に売却することです。

　債権債務や契約関係、雇用関係などは個別に同意を取り付ける必要があるので、手続きが煩雑になります。

　しかし、個別事業や資産ごとに譲渡が可能であることから、残したい事業の一部を手元に置いておくなどの対応も可能です。

また、譲り受け会社にとっても、特定の事業のみを取得できるため、効率的な面でメリットがあります。

(4) 合併

合併とは、2つ以上の会社を1つの法人格に統合する方法です。会社の全ての資産負債、従業員等を譲り受け会社に移転して、譲り渡す会社は消滅します。譲り渡す会社の株主には原則、譲り受け会社の株式が一定の比率で割り当てられます。

会社としては統合により、規模のメリットが働き、強くなる一方で、組織や人材も統合することから、会社同士の雇用条件の調整や文化の違いにより、相乗効果が生まれないという可能性もあります。

(5) 会社分割

会社分割とは、複数の事業を行っている会社が、ある事業のみ子会社や兄弟会社として切り出して、譲り受け会社に株式譲渡又は合併（吸収分割）する手法です。

譲り受ける会社にとっては、特定の事業のみを取得できるため効率的ということと、分割事業の雇用が保障されるというメリットがあります。

(6) 業務提携・資本提携

いわゆる業務提携や資本提携もM&Aの手法の一つではあります。

業務提携は、企業間で業務上の協力関係を築く手法であり、資本提携は、業務提携を更に強固にするために、支配権を持たない範囲内で相互の株式を持ち合うことや、一方の会社の株式の取得、第三者割当増資の引き受け等を行う手法です。

これらを足がかりにして、両者の融合を図りつつ、徐々に承継を進めていくような場合に行われます。

13 買い手側の資金調達

買い手側の資金調達は？オーナーの個人保証は？

買い手側の資金調達については、買い取るだけの余剰資金が無い場合、金融機関等からの借入れを行うなどの対応が必要です。
また、原則、売り手側の借入金は、譲り受け会社に移り、オーナーは個人保証から解放されます。

(1) 買い手側の資金調達

　M&Aによって買い手側が買収を行う場合、その対価となる資金のほか、諸手続きや仲介者への報酬など、多額の費用がかかります。したがって、M&Aを行う際は、その資金調達方法についてきちんと準備しておく必要があります。

　買い手側の資金調達については、対価が合併等による譲り受け会社の株式ではなく、株式譲渡（譲り受け）や事業譲渡（譲り受け）などの現金での対価となる場合、買い取り金額等により異なりますが、譲り受け会社の運転資金のほか、買い取るだけの余剰資金や増資による資金（自己資本）が無い場合には、金融機関等からの借り入れによるなどの対応が必要となります。

(2) 売り手側の借入金や個人保証

　M&Aのメリットの一つに、中小企業に多いオーナー自身の個人保証を解除できることが挙げられます。

　中小企業では、会社の借入に対してオーナーが個人保証を行っているケースが多くあります。M&Aにおいては、会社の財産とともに会社の負債（借入金）も譲り受け会社に移るとともに、オーナーの個人保証が解放されますので、オーナーやその家族にとって安心であるといえます。

14 最終譲渡契約

従業員や取引先等への公表はいつ行うの？

従業員や取引先、その他の利害関係者への説明は、原則として、最終譲渡契約が完了するまでは行うべきではないと思います。その理由は各方面から色々な妨害が出てくる可能性があるからです。

(1) 従業員への説明

　従業員への説明は、基本的には譲渡契約が全て完了した後に説明することが賢明です。

　古参の従業員の中には直接反対の意思表示をする人も出てきます。ですから、最終譲渡契約が完了した後に、新しい社長の性格や今後の会社の方向性、たとえば「上場企業の子会社になり福利厚生等が充実する」といったような明るい未来を説明するようにします。

　ただし、場合によっては基本合意前にキーマンとなる幹部従業員に、様々な不安要因を払拭するための説明を行う必要もあります。

(2) 金融機関への説明

　金融機関に関しては、今後の融資等の取引の関係もありますので、最終契約前に説明する必要があります。特に中小企業の場合には、その会社というより、その経営者の性格や資質等の観点から長い付き合いをしているケースが多いからです。

　この場合には金融機関に直接出向いてM&Aの経緯等の説明をする必要があります。

(3) 重要な取引先等・その他の利害関係者への説明

　重要な取引先には、最終契約後に直接挨拶に出向いて説明しますが、その他の取引先には、なるべく早い時期に挨拶状でお知らせするのが一般的です。

　ただし、特に大口で重要な取引先には、最終契約前にM&Aの経緯等の説明をした上で内諾を得る必要があります。

15 クロージングの留意点

クロージングでやるべきことは何？

最終段階のクロージングでは、代金の支払い方法、個人保証や担保の解除、退職金の支給時期に留意すべきです。

(1) 譲渡代金の支払い方法は？

　譲渡代金の支払い方法は、一括払いと分割払いがあります。売り手とすれば、一括払いが望ましい訳ですが、一方の買い手からすれば将来的なリスクが高い場合には分割払いを希望することもあります。

　この場合には、両者で協議して将来的な売上計画や利益計画の達成度合いに応じて価格調整条項を付けることもあります。

(2) 個人保証や担保の解除は？

　売却対象会社が金融機関からの借り入れに際して、社長が個人保証を行っていたり社長個人の不動産を担保に入れていたりする場合があります。クロージングの一定期間内にこれらの個人保証や担保の解除を行うことになります。具体的には、①元のオーナーが一括返済する、②買い手が一括返済する、③買い手が保証や担保を肩代わりする等の方法を検討します。

(3) 退職金をいつもらうか？

　退職金は、一般的には概ね支給額の20％が税金で80％が手取りになります。売り手側から見ればその金額を合理的な範囲内で自由に決めることができます。一方、買い手側からしても、売却対象会社の資金で経費にすることができます。

　この退職金の支払いも買収金額の価額決定に影響を与えますが、どちらも税金は大体20％ですので、売り手は退職金でもらうか株式譲渡代金でもらうかだけの違いになるケースが一般的です。

16 アフターM&A

M&A成約後に注意すべき点は？

個人保証と担保差し入れの解除、社内外の関係者への公表及び人事制度の調整が必要です。

(1) 個人保証と担保差し入れの解除

売り手企業の社長は、M&Aにより株式を譲渡し代表権を譲ることになりますが、社長の個人保証や担保提供が自動的に外れるわけではありません。

個人保証を外し、担保を解除してもらわないと安心してリタイアすることはできません。したがって、早いうちから金融機関と交渉し、買い手企業にも協力してもらい速やかに肩代わりしてもらう必要があります。

またM&Aの最終契約書にも、保証の変更・担保の解除に関する条文を盛り込んでおくことが一般的です。

(2) 社内外の関係者への公表

売り手企業と買い手企業両社の関係者等に対し、公表（ディスクロージャー）を行います。対象は、従業員、取引先、金融機関などで、買い手企業の事業運営が引き続き円滑に行われるように、細心の注意を払って実行する必要があります。

従業員に関しては、M&Aに対する戸惑いや不安を解消し、やる気を持続させるような説明を心がけなければなりません。

(3) 人事制度の調整

一般的なM&Aのケースでは、給与などの雇用条件等については、契約上しばらくは現状の条件を維持することが多いため人事制度も含めて早期に統合する必要はありません。しかしながら将来的なことを考えると、相乗効果を出すためにも人事交流は不可欠になります。その際にひずみが出ないように、給与等の雇用条件については早いうちに統合に向けて調整することが望ましいといえます。

17 PMI（経営統合プロセス）の重要性

PMIを進めていくためのポイントは？

M&A後のプロセスが重要になります。

(1) PMI (Post Merger Integration)

　M&Aは最終契約締結がゴールではありません。両社の相乗効果を発揮できて初めて成功したと言えるでしょう。そのためには最終契約締結後に行われるPMIと呼ばれる経営統合プロセスが非常に重要になってきます。

　契約締結までに相当な労力を費やすため、その後の統合プロセスがおろそかになり、M&Aがうまくいかないケースも散見されますので、そうならないように慎重に進めていかなければなりません。

(2) 相乗効果を最大限に引き出す

　買い手企業は、買収プレミアム分以上の価値を生み出すべく、相乗効果を上げていかなくてはなりません。

　そのためには、買い手・売り手、双方の企業文化の違いを尊重して、最適なマネジメントを行う必要があります。

(3) 統合プロジェクトチームの組成

　買い手企業からの人材と売り手企業の人材との混成で各プロジェクトチームを組成します。通常プロジェクトリーダーは買い手側の人材が担い、ケースによっては外部のコンサルタントのアドバイスを受けながら下記のようなテーマでプロジェクトを進めていきます。

- ・マネジメント統合
- ・システム統合
- ・オペレーション統合
- ・会計システム統合
- ・売り手企業の従業員からのヒアリング、人材交流

18 顧問税理士・会計士の役割

M&Aにおける顧問税理士・会計士の役割は？

法人の財務関係と個人の財産関係の両方を良く知っている顧問税理士・会計士にまず相談してください。

（1）誰に相談すべきか？

　M&Aについては身近な話題としてその相談が増えてきています。まずは、日頃からその法人の財務内容、事業内容、資金繰り等につき内容をよく理解している顧問税理士等に相談すべきかと思います。M&Aを進めていくと手続きの煩雑さもちろん、経営とは違った方面での話しも多く、期間が長期化することから少なくともアドバイザーの一人には顧問税理士・会計士を据えるべきでしょう。

　また、顧問税理士・会計士は確定申告を通して個人の財産についても把握しているケースが多いと思いますので相談の適任者といえます。

（2）どのようなアドバイスがもらえるのか

　売り手側としてM&Aを考えた場合、まずは①会社の価値がどの程度あるのか、次に②売却後にそれまでの事業がどのように継続されるかを考えなければなりません。

　①については、会社の財務を熟知している顧問税理士・会計士であれば、売り手側としての思惑も加味したうえでのアドバイスがもらえるでしょう。②については、売却後に社長のその後のポジションや長年連れ添った従業員の雇用、同様に古くからの取引先など、普段から相談している顧問税理士・会計士だからこそもらえるアドバイスがあります。

　また、株式の売却にかかる税金や退職金をもらうタイミング等の話も専門家として適切なアドバイスがもらえます。

　買い手側として考えた場合は、買収する会社の財務DDへの対応や、買い取り資金の融資等の資金調達の相談にも乗ってくれます。

辻・本郷 税理士法人

業務案内

事業承継 資産承継
- 相続税・贈与税申告
- 自己株式譲渡／営業譲渡／持株会社設立
- 金庫株の取得／従業員持株会の組成
- 株式交換・株式移転／会社合併・会社分割

M&A アドバイザリー業務
- 株式譲渡／事業譲渡／合併
- 株式移転／株式交換／会社分割
- 株式非公開化
- デューデリジェンス（英語・中国語対応可）
- MBO／MEBO／MBI／LBO

連絡先
ご質問・お気づきの点等ございましたらお気軽にご連絡下さい。

辻・本郷 税理士法人
〒160-0022
東京都新宿区新宿4丁目1番6号 JR新宿ミライナタワー28階
URL　http://www.ht-tax.or.jp/

辻・本郷 ビジネスコンサルティング株式会社
〒100-0005
東京都千代田区丸の内1丁目7番12号 サピアタワー14階
URL　http://www.ht-bc.jp/

M&A これだけ　18のポイント　執筆者一覧

（編集委員）
木村 信夫　　平川 亮

松浦 真義	佐藤 知勝	山口 拓也	伊藤 健司	山田 篤士
小川 和広	東 祥太朗	河野 太一	渡辺 悠貴	

◆参考文献
『ケーススタディM&A会計・税務戦略』　小谷野公認会計士事務所 編著／金融財政事情研究会
『事業承継を成功に導く中小企業M&A』　日本M&Aセンター 編／きんざい
『税理士・会計事務所のためのM&Aアドバイザリーガイド―顧問先にきかれたらこう答える!』　岸田康雄 著／中央経済社
『この1冊でわかる! M&A実務のプロセスとポイント』　大原達朗・松原良太・早嶋聡史 著
　一般財団法人日本M&Aアドバイザー協会 編／中央経済社
『Q&Aでよくわかる 中小企業のためのM&Aの教科書』　篠田康人 著／総合法令出版
『中小企業M&A実務必携 M&A概論編』　M&Aシニアエキスパート養成スクール事務局 編著／きんざい

M&A これだけ　18のポイント

平成29年　8月　1日　初版発行

編　著　　辻・本郷 税理士法人